AF509658

EXPLICATION

DES OUVRAGES

DE PEINTURE

EXPOSÉS

AU PROFIT DES GRECS,

Galerie Lebrun,

RUE DU GROS-CHENET, N° 4,

LE 15 MAI 1826.

Prix : 1 Franc.

IMPRIMERIE DE FIRMIN DIDOT,

IMPRIMEUR DU ROI, RUE JACOB, N° 24.

1826.

M. ALAUX,

Rue de la Tour d'Auvergne, N. 21.

1. Le jeune Diacre grec.

> O Dieu! la Grèce, libre en ses jours glorieux,
> N'adorait pas encore ta parole éternelle;
> Chrétienne, elle est aux fers, elle invoque les cieux;
> Dieu vivant, seul vrai Dieu, feras-tu moins pour elle,
> Que Jupiter et ses faux dieux?
> Il chantait, il pleurait, quand d'une tour voisine,
> Un musulman se lève, il court, il est armé, etc., etc.
> Messénienne de M. Casimir Delavigne.

(Ce tableau appartient à l'auteur.)

2. Une femme de Pompéi, avec son enfant, se sauvant de la dernière éruption.

3. Un jeune pécheur, vue prise de Naples.

M. BEAUME,

Boulevard des Capucines, N. 5.

4. Le Départ d'un Conscrit.
5. Une Marchande de Poissons.

M. BERANGER,

(De Sèvres.)

6. Sujet allégorique sur la mort du général Foy.

M. BERGERET,
Rue des Saints-Pères, N. 12.

7. Bacchus et Ariane.

M. BERRÉ,
Au Jardin du Roi.

8. Paysage avec Animaux, vue prise dans les environs de Paris.

9. Paysage avec Animaux, vue prise dans la Hollande.

M. BEZ, (DE)
Rue Bergère, N. 6.

10. Étude d'après nature, d'une Carrière abandonnée à Villenes, près Poissy.

11. Étude d'après nature, sur les bords de la Seine à Villenes, près Poissy.

12. Une jeune Auvergnate, assise près d'un chemin, est inquiète sur son sort, sa maison paternelle qu'on aperçoit dans le lointain, ayant été incendiée ; son frère plus jeune dort auprès d'elle.

M. L. BOILLY,
Rue Meslay, N. 12.

13. Réjouissance publique aux Champs-Élysées.

14. Le public au salon du Louvre, regardant le Tableau du Sacre.

M. de BOISFREMONT,
Rue du Rocher, N. 34.

15. La Colombe chérie.

M. BONNEFOND,
(De Lyon.)

16. Un Maréchal ferrant.

(Ce Tableau appartient à M. B. Delessert.)

M. BONINGTON,
Rue des Martyrs, N. 11.

17. Un Turc assis.

M. BOUHOT,
Rue Saint-Martin, N. 228.

18. Vue, prise sous le quai de Gèvres.

19. Intérieur d'Église.

M. BOUTON,
Au Diorama.

20. Michel Cervantes en prison.
   (Ce Tableau appartient à M. J. Laffitte.)

M. BROCAS,
Rue Beaubourg, N. 59.

21. Trait de bienfaisance du prince Berthier.
22. Les derniers moments de M. le général Foy.

M. CAMPANILE.
23. Vue de l'intérieur de la Chapelle Paolina au Vatican à Rome, le soir du jeudi-saint.

M. CANELLA,
Rue Saint-Georges, N. 23.

24. Un sujet Espagnol, Marché.
25. Un sujet Espagnol, Bolero.
26. Un sujet Espagnol, entrée d'un village.

M. COGNIET (LÉON),
Rue Grange-aux-Belles, N. 9.

27. Une femme du pays des Esquimaux peinte d'après nature.

28. Une femme de brigand italien.
(Ce Tableau appartient à M. le baron de Jassand.)

29. Une scène du Massacre des Innocents.

30. Une jeune Chasseresse.

M. COLLIN.
Rue d'Enfer, *N.* 33.

31. Othello.

Emilia frappe à la porte en dehors; sei-gneur, seigneur, de grâce, seigneur.

Othello dans l'égarement et parlant bas; quel est ce bruit? elle n'est pas morte? pas morte encore? tout cruel que je suis, je sens cependant la pitié. Je ne veux pas te laisser languir dans l'agonie, non, non....
(Shakespeare, acte 5, scène, 7.)

32. Le Giaour.

Il est étendu sur la terre, le visage tourné vers le ciel, son œil encore ouvert menace son ennemi, comme si la mort y avait lais-sé survivre la haine.................
. . . .

Oui! Leïla est ensevelie sous les vagues; mais cette terre sanglante sera le tombeau d'Hassan! l'ombre de Leïla a guidé le fer

qui a percé ce cœur perfide...........
J'ai sû tout prévoir, j'ai gagné ces soldats
rebelles, pour punir un traître ennemi. La
soif de ma vengeance est appaisée, je me
retire seul.........................

(Sujet tiré de Lord Byron.)

33. Des Pêcheuses, sujet pris à Dunkerque.

M. DAVID (Louis.)

35. Mars désarmé par Vénus, l'Amour et
les Graces.

Mars est assis, il dépose ses armes tandis
que l'amour en souriant, détache ses co-
thurnes. Vénus va placer sur sa tête une
couronne de roses, après l'avoir ceint d'une
guirlande de laurier rose, fleur consacrée
à ce dieu ; les Graces lui ont déja ôté son
casque, son bouclier, son arc et son car-
quois ; l'une d'elles verse le nectar qu'elle
va présenter au dieu de la guerre. Un temple d'ordre corinthien sert de fond et se
détache sur l'azur du ciel, dont les nuages
légers entourent toutes les figures et les
enveloppent d'une vapeur douce qui en fait
ressortir la couleur brillante.

36. Portraits de Pie VII et du Cardinal Caprara son légat en France ;

(Ce tableau appartient à M. Hyacinte Didot.)

37. La mort de Socrate.

(Ce tableau appartient à M. le marquis de Vérac.)

38. Psyché abandonnée. Étude.

(Ce tableau appartient à M. le comte de Pourtalès.)

64 bis. Le serment des Horaces.

Répétition avec changements de celui qui est au Musée. Il porte la date de 1786. Mais M. David le retoucha entièrement cinq ans après. Aussi a-t-il une vigueur de ton bien supérieure au grand tableau.

63. Télémaque et Eucharis.

Ce tableau représente le moment de leur séparation.

64. La colère d'Achille.

La mort surprit M. David lorsqu'il venait d'achever ce tableau.

(Ces trois tableaux appartiennent à MM. Firmin Didot.)

M. DECAISNE,
Quai Bourbon, île Saint-Louis, N. 31.

39. Un Souliote en embuscade.

40. Une jeune fille au pied d'une croix; costume de la Loire-inférieure.

41. Un factionnaire grec, trouvant sur le rivage le corps d'une jeune fille de Chios.

42. L'intérieur d'une partie de l'ancienne Église de Saint-Julien à Tours, dans son état actuel.

43. Une femme portant du poisson.

M. DEJUINNE,
Rue des Grands-Augustins, N. 18.

44. Vue prise sur les marches du couvent de l'Ara-Céli à Rome; des capucins distribuent des aumônes.

M. DELACROIX, (Eugène)
Rue d'Assas, N. 14.

45. Marino Faliero.

Le Doge de Venise Marino Faliero, ayant, à l'âge de plus de quatre-vingts ans, conspiré contre la république, avait été condamné à mort par le Sénat. Conduit sur l'escalier de pierre où les doges prétaient serment avant d'entrer en charge, on lui tranche la tête, après l'avoir dépouillé du bonnet de doge et du manteau ducal. Un membre du conseil des Dix, prit l'épée qui avait servi à l'exécution et dit en l'élevant en l'air : *la justice a puni le traître.* Aussitôt après la mort du doge les portes avaient été ouvertes et le peuple s'était précipité pour contempler le corps de l'infortuné Marino Faliero.

(voir la tragédie de Lord Byron.)

46. Don Juan.

C'est la dernière scène de la pièce au moment où le valet aperçoit la statue du commandeur qui est encore hors de la porte. La femme de Don Juan s'enfuit et lui-même plein d'étonnement, se lève de table pour recevoir cet hôte étrange.

47. Un Officier turc tué dans les montagnes.

M. PAUL DELAROCHE,
Rue de Seine, N. 10.

48. Les suites d'un duel.

49. La mort d'Augustin Carrache.

(Ce Tableau appartient à M. le baron de Jassand.)

M. DEMARNE,
Rue de Richelieu, N. 21.

5o. Vue des Ardennes, intérieur d'une forêt.

51. Vue d'une forge, prise dans les Vosges.

M. CHARLES DESAINS,
Rue du Colombier, N. 28.

52. Une femme, au désespoir, a voulu s'asphixier avec la vapeur du charbon ; après avoir tout disposé pour l'exécution de ce dessein, elle s'est couchée ; mais, au bout de quelque temps, ne trouvant pas la mort dans le sommeil, ainsi qu'elle l'avait espéré, elle se traîne, pour respirer à sa fenêtre ; *il est trop tard, elle meurt avant de pouvoir l'ouvrir.*

M. DESPOIS,
Rue du Colombier, N. 13.

53. Une vue du Rhône entre Valence et Montelimart.

M. DESTOUCHES,
Rue de la Planche, N. 18.

54. Clément Marot et la Duchesse d'Alençon.

55. Le Selam ou Bouquet emblématique.

M. DREUX-DORCY,
Rue Taitbout, N 9.

56. Un paysage avec figures.

57. Une scène de brigands.

58. Une baigneuse.
(Ce tableau appartient à M. le comte de Pourtalès.)

M. DROLLING PÈRE.

59. La Maitresse d'école de village.
(Ce tableau appartient à M. Drolling fils.)

M. J. G. DROUAIS,

60. Philoctète dans l'île de Lemnos.

Philoctète, fils de Pean et compagnon d'Hercule, est abandonné dans l'île de Lemnos par les Grecs.

En proie aux douleurs les plus vives, causées par la blessure qu'il s'est faite au pied avec une des flèches empoisonnées d'Hercule, il agite l'air avec l'aile d'un oiseau sauvage pour rafraîchir sa plaie et chasser les insectes attirés par le miasme pestilentiel qui s'en s'exhale.
(Ce tableau appartient à M. Grau de Saint Vincent.)

M. DUBOIS (ÉTIENNE),
Rue Louis-le-Grand, N. 27.

61. Intérieur d'une laiterie.

62. Une Bacchante endormie.

63 et 64. *Voyez* M. David, N° 35.

M. DUCIS,
Quai Malaquai, N. 13.

65. Débuts de Talma dans la tragédie.

Talma, très-jeune encore, venait de remplir avec le plus brillant succès dans la tragédie d'OEdipe un de ces rôles pour lesquels la nature semble l'avoir formé. M. Ducis qui, pendant la représentation, avait pressenti tout ce qu'un pareil talent promettait à la scène, s'approche de l'acteur qui rentrait au foyer, et lui relevant doucement les cheveux : « courage ! dit-il, il y a des crimes et des vertus sur ce front-là ! »

(Anecdote extraite des œuvres de Ducis.)

M. DUTAC,
Rue de Varennes, N. 37.

66. Vue prise sur les hauteurs de Gerard-mer, dans les Vosges.
67. Vue d'une marée basse près de Honfleur.

M. FÉRÉOL, (A.)
Rue des Filles Saint-Thomas, N. 17.

68. Une vue prise aux environs de Paris.
69. Une vue prise aux environs d'Orléans.

M. FLEURY (ROBERT),
Rue des Messageries, N. 4.

70. La prière du soir, vue prise dans le Golfe de Naples.

71. Chef de Brigands.

M. LE COMTE DE FORBIN,
Rue Saint-Lazare, N. 54 bis.

72. Scène du Tribunal de l'Inquisition en Espagne.

73. Vue de Jérusalem, prise de la vallée de Josaphat.

74. Site de Provence près de la mer, au soleil levant.

75. Site d'Italie, près de la Riccia, après un orage.

76. Vue prise aux environs de Lyon.

M. FRANCK (PHILIPPE),
Rue M. le Prince, N. 20.

77. Polynice inhumé par sa femme Argie et sa sœur Antigone.

M. FRÉMY,

Quai des Augustins, N. 17.

78. Une distribution de vin aux Champs-
Élysées.

M. GASSIES,

Passage Saulnier, N. 9.

79. Les aiguilles de l'île de Wight.

80. Le rocher de Dumbarton, soleil couchant.

81 Les côtes de Falkestone, soleil levant
et brouillard.

82. Une marine, vue près de Boulogne.
(Ces tableaux appartiennent à l'auteur.)

83. Intérieur d'une Eglise de Boulogne.
(Ce tableau appartient à S. A. S. Mgr le Duc d'Orléans.)

GERARD, (Le Baron)

Rue Saint-Germain des Prés, N. 6.

84. Portrait du Général Foy.

85. Les quatre figures qui accompagnaient
le tableau de la bataille d'Austerlitz
dans le plafond du Conseil d'état aux
Tuileries; la victoire, l'histoire, la
poésie et la renommée.

85 *bis*. Sujet tiré du roman d'Ourika.

M. GERARD.

Rue de la Michaudière, N. 2.

86. Le val de Pragnière, route de Gaverny
  (Hautes-Pyrénées.)

87. Un paysage avec figures.

M. GERICAULT.

88. Intérieur d'une Brasserie.
  (Ce tableau appartient à M. Biet.)

89. Un Postillon faisant boire ses chevaux.
  (Ce tableau appartient à M. Coutan.)

GERICAULT ET DREUX-DORCY.

90. La suite d'une Tempête.
  (Ce tableau appartient à M. Constantin.)

GIRARDIN (LE COMTE DE)

Rue Sainte-Croix, N. 18.

91. J. J. Rousseau à la croisée de la chambre
  qu'il a occupée en 1765, dans l'île
  Saint-Pierre en Seine.

92. Vue de l'entrée des eaux bonnes, dé-
  partement des Basses-Pyrénées.

M. GIRODET-TRIOSON.

93. Danaë.
  (Ce Tableau appartient à Mme Rilliet.)

93 *bis.* Tète de Vierge.
  (Ce tableau appartient à M. Perregaux.)

M. GRANET,
Rue Saint-Lazare, N. 54 bis.

94. Scène d'un hôpital des enfants-trouvés
en Sicile.

95. Le mariage forcé.

M. GRANGER,
Rue du Haut-Moulin, N. 11.

96. Tête à barbe. Étude.
97. Étude de femme.

M. GRENIER, (Fr.)
Rue Godot de Mauroy, N. 22.

98. Une Laitière des environs de Cherbourg.

GROS, (LE BARON)
Rue des Fossés Saint-Germain-des-Prés, N. 14.

99. Combat de Nazareth.

Le général Junot à la tête de 500 Français, battit 6000 Turcs, le 19 floréal
an 7.

100. Les Pestiférés de Jaffa.

Bonaparte, général en chef de l'armée
d'Orient, au moment où il touche une tu-

meur pestilentielle en visitant l'hôpital de
Jaffa.

M. GUDIN, (Théodore)
Rue de Hanovre, *N.* 21.

101. Marine par un temps orageux.

102. Vue d'une Écluse.

103. Marine, Marée basse.

104. Marine.

105. Vue de Grenoble.

(Ces deux derniers tableaux appartiennent à S. A. S. Mgr
le Duc d'Orléans.)

M. GUERIN, (Pierre)
Rue de Bourbon, *N.* 79.

106. Le retour de Marius Sextus.

Marius Sextus échappé aux proscrip-
tions de Sylla, trouve à son retour sa
fille en pleurs auprès de son épouse
expirée.

(Ce tableau appartient à M. Coutan.)

M. GUÉRIN, (PAULIN)
Rue du Monthabor, N. 4.

108. Vénus et Anchise.

Vénus, sous les traits d'une jeune princesse phrygienne, a captivé la tendresse d'Anchise; de cet hymen naquit Énée.

Mme HAUDEBOURT-LESCOT.

109. Le Saltarelle.
(Ce tableau appartient à Mme Lombard.)

110. L'Enfant malade.

111. Une jeune fille faisant des moustaches à un jeune homme endormi.
(Ces deux derniers tableaux appartiennent à M. Schrott.)

M. HERSENT,
Rue Cassette, N. 22.

112. Daphnis et Chloë.
(Ce tableau appartient à M. Casimir Périer.)

113. Booz et Ruth.

Veuve, jeune et belle, mais dans l'indigence: Ruth, pour obéir à sa mère, vient trouver au milieu de la nuit le riche Booz, le plus proche parent de son mari, et le supplie de la prendre pour épouse. Booz, que l'approche de cette femme avait d'abord troublé, la prend sous sa protection, et sa demande lui est accordée.

(Ce tableau appartient à Mme la Comtesse du Cayla.)

Melle HERVILLY, (D').
Rue Mazarine, N. 3.

114. Un Pauvre et son enfant. Étude.

M. HUE.

115. Scène de naufrage.
(Ce tableau appartient à S. A. S. Mgr. le Duc d'Orléans.)

M. ISABEY, (E).
Rue des Trois Frères, N. 7.

116. Chapelle russe.

M. JACOMIN.

117. Un soldat blessé de retour dans sa famille.
(Ce tableau appartient à M. Delessert.)

M. JOINVILLE, (EDMOND)

118. Vue prise au Campo-Vaccino à Rome.

M. JOLIVARD,
Rue M. le Prince, N. 2.

119. Vue près le Mans.

M. KNIP,
Rue de Varennes, N. 21.

120. Paysage avec animaux.
121. Paysage avec animaux.

M. LAFOND,
Rue J. J. Rousseau, N. 3.

122. Le Samaritain.

M. LEGRAND DE SERRE.

123. La lecture de la Bible.
(Ce tableau appartient à M. De Lessert.)

Tableaux de la Collection de M. le Général Baron LEJEUNE.

124. Bataille de Somo-Sierra, le 30 Novembre 1810.

Une vive canonnade dissipait un brouillard épais, et l'on vit le général Montbrun, à la tête des Polonais de la Garde, se précipiter sur une batterie de 16 pièces de canon, et s'emparer aussi du défilé de Buitrago défendu par treize mille Espagnols. Le Duc de Bellune soutenait cette attaque par son infanterie, qui gravissait les montagnes à droite et à gauche de cette position.

Sur le devant, M. de Septeuil amène des prisonniers. Napoléon leur reproche la barbarie avec laquelle ils ont garotté et massacré des français tombés en leur pouvoir; nos soldats, en découvrant ces victimes cachées sous un pont en étaient indignés. Ils eurent la générosité de ne pas s'en venger.

Parmi ces prisonniers espagnols se trouvaient des Français qu'ils avaient forcés de servir dans leurs rangs, l'un d'eux, pour se faire reconnaître, montre la cocarde et la croix qu'il a cachées sur son cœur.

M. de Ségur blessé de deux coups de feu est pansé par M. Yvan.

Les deux frères Sélizki tombent blessés en même temps. Le plus jeune expire sur les genoux de l'autre.

Les portraits épars dans ce tableau sont ceux des maréchaux Berthier, Victor et Bessières, des généraux et officiers MM. Durosnel, de Monthion, Letort, Guiau, D'autancourt, de Turenne, de

Longuerne, Sopransy, Lubynsky, Bona-
foux, etc. etc....

La vue et les détails ont été pris sur les lieux.

125. Bataille des Pyramides, 2 juillet 1798. —
Du pied des Pyramides au bord du grand
désert, Mourad-Bey avec ses vaillants
Mameluks vient disputer aux Français
la conquête des riches plaines de l'Égypte,
fertilisées par les débordements du Nil.

Pour résister à cette cavalerie formi-
dable, le général en chef Bonaparte dis-
pose son infanterie en bataillons carrés
dans lesquels il renferme ses chevaux
épuisés par une longue traversée, et
marche ainsi à la rencontre de l'ennemi
qui vient fondre sur lui.

Les efforts des Turcs viennent se bri-
ser autour de ces lignes impénétrables.
Du carré de Désaix ils volent à celui de
Reignier, à celui de Dugna, retournent
avec fureur à leurs premières attaques,
et partout ils sont renversés devant ces
murailles de feux.

Perdant au bout d'une heure l'espoir
d'y pénétrer, ils fuyent en désordre vers

le désert, où se jettent dans le Nil pour le traverser à la nage.

Sur le devant du tableau la division Bon protége l'assaut dirigé contre le village retranché d'Embabé. Six mille Turcs y sont forcés de se jetter dans leurs barques qui sont bientôt submergées ou incendiées, et leur défaite ouvre le même jour aux Français les portes du grand Kaire placé presqu'en face sur la rive droite du fleuve.

M. LEPRINCE (A. X.),
Rue Hauteville, N. 33.

126. Chasse au lion.

127. Le Marchand de chansons.

M. LEPRINCE (ROBERT LÉOPOLD),
Rue Hauteville, N. 33.

128. Vue prise aux environs de Zurich.

M. LETHIERE-GUILLON,
Quai Conti, N. 23.

129. Rémus et Romulus, allaités par une louve et trouvés par le berger Faustus.

130. La naissance d'Esculape.

LORDON,
Rue des Maçons Sorbonne, N. 1.

131. Raphaël et la Fornarina.

Raphaël affaibli par la maladie est soutenu par la Fornarina, il regarde son dernier ouvrage avec un triste pressentiment.

M. MONVOISIN,
Rue de Furstemberg, N. 8 bis.

132. Callirhoé.

Étant allée, selon la coutume, offrir sa virginité au Scamandre, un jeune homme, qui l'aimait depuis long-temps sans espérance, fit si bien, par son stratagème, qu'il reçut ce qui était destiné au fleuve.

M. MOZIN,
Rue Hauteville, N. 39.

133 Une marine.

M. MUSIGNY,
Rue des Petits-Augustins, N. 12.

134 Deux paysannes des environs de Paris. Étude.

M. OLRY,
Rue Saint-Lazare, N. 37.

135. Deux brigands corses.

M. OMMEGANCK,

136. Paysage avec animaux.
  (Ce tableau appartient à M. J. Laffitte.)

Mme PAGNIÈRE, (VICOMTESSE)
Rue de Sèvres, N. 31.

137. Scène familière.

M. PERROT, (A.)

138. Paysage, Étude d'après nature à la Ricia, près de Rome.

M. PHILIPPE,
Rue Bellefond, N. 23.

139. Vue de Civita Castellana.

M. PICOT,
Rue de la Rochefoucault, N. 14.

140. Un enfant et une biche.

M. PRUD'HON.

141. Minerve conduisant le génie de la peinture au temple de l'immortalité.
  (Ce Tableau appartient à M. J. Laffitte.)

M. RAVERAT,
Rue Grange-aux-Belles, N. 6.

142. Le jeune diacre de Messénie expirant.

M. REGNIER,
Rue de Paradis, N. 41,

143. Vue d'un château en ruine, sur le bord d'un étang.

144. Étude d'après nature, prise dans la forêt de Fontainebleau.

M. RENOUX,
Rue Sainte-Anne, N. 63.

145. Extérieur de l'église de Marmoutier. (En Alsace.)

146. Vue du Rhin et des montagnes d'Alsace, prise de la place du château à Vieux-Brisac. (Duché de Bade.)

M. ROEHN PÈRE,
Rue de Grenelle Saint-Germain, N. 59.

147. Les foins.
148. Une baigneuse.
149. Une vue d'Auteuil, près Paris.

M. ROMMY,
Rue des Fossés-Montmartre, N. 5.

150. Un paysage avec figures, représentant le sujet des oies du frère Philippe.

M. ROQUEPLAN (Camille),
Rue Hautefeuille, N. 3o.

151. Vue du clocher et de l'église de Plongéan (en Basse-Bretagne.)

152. Vue du petit port de Roscoff (en Basse-Bretagne.)

M. SAINT-EVRE (G.),
Rue Servandoni, N. 23.

153. Don Juan et Haïdée. Sujet tiré du second chant du poëme de Lord Byron.

154. Deux musiciennes.

155. Isabeau de Bavière.

Le duc d'Orléans est assis près d'elle; dans le fond du tableau, Charles VII en démence est entraîné par *Odette de champ divers* aidée d'un chevalier.

M. SAINT-MARTIN.

156. Vue de la cascade de Tendon dans les Vosges.

157. Vue d'une scierie à Alvar dans le Dauphiné.

158. Un moulin.

3.

159. Vue du château de Vizille.
16o. Vue du château de Vizille.

M. SCHEFFER, (A.)
Rue de la Ville l'Évêque, N. 42,

161. Sujet tiré des Puritains d'Écosse (de
Walter Scott.)

162. Le champ grêlé.

163. La déclaration.
Ces deux tableaux appartiennent à M. de Cypieres.)

164. La veuve du soldat
(Ce tableau appartient à M. François De Lessert.)

165. Épisode de la retraite de Russie.

M. SCHOENBERGER.

166. Vue de la vallée de Delphes en Grèce.
(Ce tableau appartient à M. le Duc de Dalberg.)

M. SIGALON, (Xav.)
Rue du Faubourg Saint-Denis, N. 56.

167. Locuste remettant à Narcisse le poison destiné à Britannicus, en fait
l'essai sur un jeune esclave.

Elle a fait expirer un esclave à mes yeux,
Et le fer est moins prompt à trancher une vie,
Que le nouveau poison que sa main me confie.
(Racine.)

M. STORELLI,
Rue de la Sourdière, N. 11.

168. Un paysage, vue prise dans les Appe-
nins.

M. TREZEL (Félix),
Rue des Maçons-Sorbonne, N. 1.

169. Scène d'enfer.

Satan, contraint par l'Éternel de punir
les vices, fait appliquer à chacun des sept
péchés capitaux, un supplice particulier.

A l'orgueil, qui a pris les insignes de la
royauté, il envoie la flatterie qui l'attire
vers le précipice, tandis qu'un autre démon
va lui clouer sur la tête une couronne de
fer rouge.

Un serpent ronge le cœur de l'envie at-
tachée au trône de l'orgueil.

Le festin du gourmand est renversé par
un démon qui en même temps repousse du
pied le colérique.

L'avare se voit enlever son trésor.

Enfin, la luxure est enchaînée au pied du
lit de la paresse, reveillée sans cesse par le
chant du coq.

170. L'ame dégagée des entraves qui l'at-

tachaient à la terre, échappe au génie du mal et s'envole vers le séjour
de l'Éternité.

(Tableau fait d'après une ébauche de Prud'hon.)

TURPIN DE CRISSÉ, (LE COMTE)
Rue des Trois-Frères, N. 6.

171. Vue prise à Lugano.

172. Vue prise dans l'île d'Ischia.

173. Vue prise dans l'île d'Ischia.

M. T***

174. Une scène familière.

M. ULRICH,
Rue de Hanovre, N. 21.

175. Un paysage, effet du soleil couchant.

M. VALIN,
Rue des Grands-Augustins, N. 17.

176. Baptême de Jésus-Christ.

177. Apollon gardant les troupeaux d'Ad-
mette.

178. Le Marchand de plâtre.

179. Étude d'un vieillard d'après nature.

180. Fanfan endormi avec son polichinelle.

(33)

M. VANDAEL,
Impasse des Feuillantines, N. 14.

181 Tableau de fleurs (*peint sur bois*).

M. VAN-OS, (G. J. J.)

182. Paysage, intérieur de la forêt de Compiègne.

183. Paysage, intérieur de la forêt de Compiègne.

184. Paysage.

M. VERNET (Carle),
Rue de Bourbon, N. 34.

185. Cosaque dans les montagnes.

M. VERNET (horace),
Rue Saint-Lazare, N. 56.

186. Mazeppa, sujet tiré d'une nouvelle de Lord Byron.
(Ce tableau appartient à M. Duchesne.)

187. Les enfants de Paris, devant Vitesp ; campagne de 1812.
(Ce tableau appartient à M. Odiot.)

188. Marine, combat entre des Grecs et des Turcs.
(Ce tableau appartient à M. Schrott.)

189. Guérillas espagnols.
(Ce tableau appartient à M. J. Laffitte.)

M. VIGNERON,
Rue Cadet, N. 13.

190. L'enfant abandonné.

M. VINCHON (Auguste),
Rue du Faubourg-Poissonniere, N. 18.

191. Berger des environs de Rome endormi sur les débris d'un monument près de la mer.

192. Properce et Cynthie.

Properce composant ses élégies amoureuses près de sa maîtresse. Ils sont peu éloignés de sa maison de campagne, dont on voit encore les ruines près des Cascatelles de Tivoli.

Mlle VOLPELIERE,
Rue Grange-Batelière, N. 13.

193. Trait d'une jeune princesse de la Souabe.
Se promenant seule, elle rencontre une mendiante dont l'enfant est au moment d'expirer de besoin ; mère elle-même et nourrice, elle lui donne le sein.

194. Tête d'étude d'une jeune fille.

M. WEST,
Rue de Savoie, hôtel de Savoie.

165. La salle du festin de Cédric, sujet tiré
d'Ivanhoé.

PEINTURE SUR PORCELAINE,

Mlle LEDUC (Amélie),
Rue du Gros-Chenet, N. 8.

166. L'adoration des bergers.
167. Portrait de Mlle Delphine G***, d'après
M. Hersent.